圖解 2023 中國「政府工作報告」

書　　名	圖解 2023 中國「政府工作報告」
出　　版	三聯書店（香港）有限公司
	香港北角英皇道 499 號北角工業大廈 20 樓
	Joint Publishing (H.K.) Co., Ltd.
	20/F., North Point Industrial Building,
	499 King's Road, North Ponit, Hong Kong
香港發行	香港聯合書刊物流有限公司
	香港新界荃灣德士古道 220-248 號 16 樓
印　　刷	美雅印刷製本有限公司
	香港九龍觀塘榮業街 6 號 4 樓 A 室
版　　次	2023 年 3 月香港第一版第一次印刷
規　　格	16 開（170 × 240mm）64 面
國際書號	ISBN 978-962-04-5168-3

目 錄
CONTENTS

政府工作報告

——2023 年 3 月 5 日在第十四屆全國人民 代表大會第一次會議上

國務院總理　李　克　強

各位代表：

　　本屆政府任期即將結束。現在，我代表國務院，向大會報告工作，請予審議，並請全國政協委員提出意見。

一、過去一年和五年工作回顧

　　2022 年是黨和國家歷史上極為重要的一年。黨的二十大勝利召開，描繪了全面建設社會主義現代化國家的宏偉藍圖。面對風高浪急的國際環境和艱巨繁重的國內改革發展穩定任務，以習近平同志為核心的黨中央團結帶領全國各族人民迎難而上，全面

習近平等黨和國家領導人出席開幕式

李克強離席作政府工作報告

落實疫情要防住、經濟要穩住、發展要安全的要求，加大宏觀調控力度，實現了經濟平穩運行、發展質量穩步提升、社會大局保持穩定，我國發展取得來之極為不易的新成就。

　　過去一年，我國經濟發展遇到疫情等國內外多重超預期因素衝擊。在黨中央堅強領導下，我們高效統籌疫情防控和經濟社會發展，根據病毒變化和防疫形勢，優化調整疫情防控措施。面對經濟新的下行壓力，果斷應對、及時調控，動用近年儲備的政策工具，靠前實施既定政策舉措，堅定不移推進供給側結構性改革，出台實施穩經濟一攬子政策和接續措施，部署穩住經濟大盤工作，加強對地方落實政策的督導服務，支持各地挖掘政策潛力，支持經濟大省勇挑大樑，突出穩增長穩就業穩物價，推動經濟企穩回升。全年國內生產總值增長 3%，城鎮新增就業 1206 萬人，年末城鎮調查失業率降到 5.5%，居民消費價格上漲 2%。貨物進出口總額增長 7.7%。財政赤字率控制在 2.8%，中央財政收支符合預算、支出略有結餘。國際收支保持平衡，人民幣匯率在全球主要貨幣中表現相對穩健。糧食產量 1.37 萬億斤，增產 74 億斤。生態環境質量持續改善。在攻堅克難中穩住了經濟大盤，在複雜多變的環境中基本完成全年發展主要目標任務，我國經濟展現出堅強韌性。

中共中央政治局常務委員會召開會議 聽取近期新冠疫情防控工作情況匯報

　　針對企業生產經營困難加劇，加大紓困支持力度。受疫情等因素衝擊，不少企業和個體工商戶遇到特殊困難。全年增值稅留抵退稅超過 2.4 萬億元，新增減稅降費超過 1 萬

19 組數據看

2022 年《政府工作報告》量化指標任務完成情況

工作任務	年度完成情況

01 國內生產總值
增長 5.5% 左右

初步核算 1210207 億元
比上年增長 3%

在異常嚴峻的形勢下，能實現這樣的增長是非常不容易的，在世界主要經濟體中增速也是高的

02 城鎮新增就業
1100 萬人以上

1206 萬人
完成全年目標任務的 110%

03 城鎮調查失業率
全年控制在 5.5% 以內

2022 年 12 月
全國城鎮調查失業率為 5.5%

04 居民消費價格
漲幅 3% 左右

同比上漲 2%

05 糧食產量
保持在 1.3 萬億斤以上

13731 億斤
比上年增加 74 億斤，增長 0.5%

06 赤字率
擬按 2.8% 左右安排比上年有所下調

全國財政赤字 3.37 萬億元
赤字率為 2.8%
比上年 3.1% 的水準有所下調

07 財政支出規模
比上年擴大 2 萬億元以上

全國一般公共預算支出執行數為 26.06 萬億元，支出規模比上年執行數擴大 1.43 萬億元

落實政府過緊日子要求，執行中壓縮了部分非急需非剛性支出

08 中央本級支出
安排增長 3.9%，其中中央部門支出繼續負增長

實際執行 3.56 萬億元，增幅與預算一致
其中中央部門支出下降 3.5%

09 中央對地方轉移支付
增加約 1.5 萬億元、規模近 9.8 萬億元，增長 18%

執行數為 9.71 萬億元，比上年增加 1.42 萬億元，增長 17.1%
主要原因是據實結算支出減少

10 地方政府專項債券
擬安排 3.65 萬億元

共安排 3.65 萬億元
已全部下達地方

11 小微企業所得稅
對小微企業年應納稅所得額 100 萬元至 300 萬元部分，再減半徵收企業所得稅

共為符合條件的小微企業新增減免企業所得稅 1521 億元

12 退稅減稅
預計全年退稅減稅約 2.5 萬億元，其中留抵退稅約 1.5 萬億元

退稅減稅降費超 3.5 萬億元
其中，新增減稅降費超過 1 萬億元，增值稅留抵退稅 2.46 萬億元

13 失業保險
使用 1000 億元失業保險基金支援穩崗和培訓

共釋放失業保險政策紅利 3600 億元

14 科技型中小企業加計扣除比例
從 75% 提高到 100%

共為符合條件的科技型中小企業新增減免企業所得稅超過 100 億元

15 中央預算內投資
安排 6400 億元

共下達 6400 億元

16 耕地紅線
堅決守住 18 億畝耕地紅線

牢牢守住了 18 億畝耕地紅線

17 高標準農田

新建 1 億畝高標準農田

共建成 10472 萬畝
完成年度目標任務的 104.7%

18 居民醫保和基本公共
衛生服務經費

人均財政補助標準分別
再提高 30 元和 5 元

城鄉居民醫保人均財政補助標準
新增 30 元，達到每人每年不低
於 610 元，同步提高個人繳費標
準 30 元，達到每人每年 350 元

基本公共衛生服務經費人均財政補
助標準為 84 元，較上年提高 5 元

19 醫療費用跨省直接結算

到 2022 年底前每個縣至少要
確定 1 家定點醫療機構，提供
包括門診費用在內的醫療費用
跨省直接結算。(2021 年《政
府工作報告》量化指標任務)

截至 2022 年底，全國跨省聯網
定點醫藥機構 32.69 萬家，實現
每個縣至少有 1 家定點醫療機
構提供包括普通門診費用在內的
醫療費用跨省直接結算服務，住
院和門診累計結算 6225.12 萬人
次，減少個人墊付 2489.67 億元

億元，緩稅緩費 7500 多億元。為有力支持減稅降費政策落
實，中央對地方轉移支付大幅增加。引導金融機構增加信貸
投放，降低融資成本，新發放企業貸款平均利率降至有統計
以來最低水平，對受疫情影響嚴重的中小微企業、個體工商
戶和餐飲、旅遊、貨運等實施階段性貸款延期還本付息，對
普惠小微貸款階段性減息。用改革辦法激發市場活力。量大
面廣的中小微企業和個體工商戶普遍受益。

　　針對有效需求不足的突出矛盾，多措並舉擴投資促消費
穩外貿。去年終端消費直接受到衝擊，投資也受到影響。提
前實施部分「十四五」規劃重大工程項目，加快地方政府專
項債券發行使用，依法盤活用好專項債務結存限額，分兩期
投放政策性開發性金融工具 7400 億元，為重大項目建設補

針對全球通脹高企帶來的影響，以糧食和能源為重點做好保供穩價

針對部分群眾生活困難增多，強化基本民生保障

過去一年工作要點

針對就業壓力凸顯，強化穩崗擴就業政策支持

針對企業生產經營困難加劇，加大紓困支持力度

針對有效需求不足的突出矛盾，多措並舉擴投資促消費穩外貿

充資本金。運用專項再貸款、財政貼息等政策，支持重點領域設備更新改造。採取聯合辦公、地方承諾等辦法，提高項目審批效率。全年基礎設施、製造業投資分別增長 9.4%、9.1%，帶動固定資產投資增長 5.1%，一定程度彌補了消費收縮缺口。發展消費新業態新模式，採取減免車輛購置稅等措施促進汽車消費，新能源汽車銷量增長 93.4%，開展綠色智能家電、綠色建材下鄉，社會消費品零售總額保持基本穩定。出台金融支持措施，支持剛性和改善性住房需求，扎實推進保交樓穩民生工作。幫助外貿企業解決原材料、用工、物流等難題，提升港口集疏運效率，及時回應和解決外資企業關切，貨物進出口好於預期，實際使用外資穩定增長。

〔名詞解釋〕

財政貼息

財政貼息是政府為支持特定領域或區域發展，根據國家宏觀經濟形勢和政策目標，對承貸企業的銀行貸款利息給予的補貼。財政貼息主要有兩種方式：一種方式是財政將貼息資金直接撥付給受益企業。另一種方式是財政將貼息資金撥付給貸款銀行，由貸款銀行以政策性優惠利率向企業提供貸款，受益企業按照實際發生的利率計算和確認利息費用。項目單位收到財政貼息資金後，分以下情況處理：在建項目應作沖減工程成本處理；竣工項目應作沖減財務費用處理。財政貼息資金是專項資金，必須保證貼息的專款專用。任何單位不得以任何理由、任何形式截留、挪用財政貼息資金。對違反規定的，除將貼息資金全額收繳國家財政外，還要追究有關人員的責任。

　　針對就業壓力凸顯，強化穩崗擴就業政策支持。去年城鎮調查失業率一度明顯攀升。財稅、金融、投資等政策更加注重穩就業。對困難行業企業社保費實施緩繳，大幅提高失業保險基金穩崗返還比例，增加穩崗擴崗補助。落實擔保貸款、租金減免等創業支持政策。突出做好高校畢業生就業工作，開展就業困難人員專項幫扶。在重點工程建設中推廣以工代賑。脫貧人口務工規模超過 3200 萬人、實現穩中有增。就業形勢總體保持穩定。

　　針對全球通脹高企帶來的影響，以糧食和能源為重點做好保供穩價。去年全球通脹達到 40 多年來新高，國內價格穩定面臨較大壓力。有效應對洪澇、乾旱等嚴重自然災害，不誤農時搶抓糧食播種和收穫，督促和協調農機通

〔延伸閱讀〕

以工代賑

以工代賑指以務工代替賑濟，是國家以實物折款或現金形式投入受賑濟地區實施基礎設施建設，讓受賑濟地區的困難群眾參加勞動並獲得報酬，從而取代直接賑濟的一種扶持方式。

「十四五」以來，我國共投入各類資金 900 億元持續加大以工代賑政策實施力度，其中中央以工代賑專項投資 110 億元，支持地方按照「先有群眾、後有項目」「工程項目是載體、就業增收是目標」的原則，組織實施以工代賑項目 4200 餘個，各地還投入各類資金 790 億元，圍繞農村生產生活、交通、水利、文化旅遊、林業草原基礎設施等五大領域，採取以工代賑方式實施項目約 1.4 萬個，在農業農村基礎設施領域全面推廣以工代賑方式。

通過實施上述項目，已帶動 150 多萬農村脫貧群眾就地就近就業增收，並開展「以工代訓」、崗前技能培訓 40 萬人次。以工代賑政策不僅讓因疫情無法外出的農民工在家門口有活幹、有收入，還提升了脫貧群眾就業能力和水平，激發了他們依靠自身勞動增收致富的內生動力，已成為鞏固拓展脫貧攻堅成果、推進鄉村全面振興的新亮點。

行，保障農事活動有序開展，分三批向種糧農民發放農資補貼，保障糧食豐收和重要農產品穩定供給。發揮煤炭主體能源作用，增加煤炭先進產能，加大對發電供熱企業支持力度，保障能源正常供應。在全球高通脹的背景下，我國物價保持較低水平，尤為難得。

針對部分群眾生活困難增多，強化基本民生保障。階段性擴大低保等社會保障政策覆蓋面，將更多困難群體納入保障範圍。延續實施失業保險保障擴圍政策，共向 1000 多萬失業人員發放失業保險待遇。向更多低收入群眾發放價格補貼，約 6700 萬人受益。免除經濟困難高校畢業生 2022 年國

家助學貸款利息並允許延期還本。做好因疫因災遇困群眾臨時救助工作，切實兜住民生底線。

與此同時，我們全面落實中央經濟工作會議部署，按照十三屆全國人大五次會議批准的政府工作報告安排，統籌推進經濟社會各領域工作。經過艱苦努力，當前消費需求、市場流通、工業生產、企業預期等明顯向好，經濟增長正在企穩向上，我國經濟有巨大潛力和發展動力。

各位代表！

過去五年極不尋常、極不平凡。在以習近平同志為核心的黨中央堅強領導下，我們經受了世界變局加快演變、新冠疫情衝擊、國內經濟下行等多重考驗，如期打贏脫貧攻堅戰，如期全面建成小康社會，實現第一個百年奮鬥目標，開啟向第二個百年奮鬥目標進軍新征程。各地區各部門堅持以習近平新時代中國特色社會主義思想為指導，深刻領悟「兩

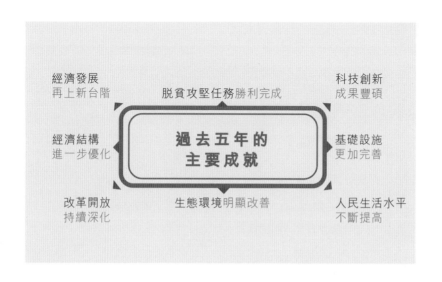

經濟發展
再上新台階

科技創新
成果豐碩

脫貧攻堅任務勝利完成

經濟結構
進一步優化

**過去五年的
主要成就**

基礎設施
更加完善

改革開放
持續深化

生態環境明顯改善

人民生活水平
不斷提高

個確立」的決定性意義，增強「四個意識」、堅定「四個自信」、做到「兩個維護」，全面貫徹黨的十九大和十九屆歷次全會精神，深入貫徹黨的二十大精神，堅持穩中求進工作總基調，完整、準確、全面貫徹新發展理念，構建新發展格局，推動高質量發展，統籌發展和安全，我國經濟社會發展取得舉世矚目的重大成就。

　　——經濟發展再上新台階。國內生產總值增加到 121 萬億元，五年年均增長 5.2%，十年增加近 70 萬億元、年均增長 6.2%，在高基數基礎上實現了中高速增長、邁向高質量發展。財政收入增加到 20.4 萬億元。糧食產量連年穩定

經濟發展再上新台階

國內生產總值增加到121萬億元，五年年均增長5.2%，十年增加近70萬億元、年均增長6.2%，在高基數基礎上實現了中高速增長、邁向高質量發展

財政收入增加到20.4萬億元

糧食產量連年穩定在1.3萬億斤以上

工業增加值突破40萬億元

城鎮新增就業年均1270多萬人

外匯儲備穩定在3萬億美元以上

我國經濟實力明顯提升

在 1.3 萬億斤以上。工業增加值突破 40 萬億元。城鎮新增就業年均 1270 多萬人。外匯儲備穩定在 3 萬億美元以上。我國經濟實力明顯提升。

——脫貧攻堅任務勝利完成。經過八年持續努力，近 1 億農村貧困人口實現脫貧，全國 832 個貧困縣全部摘帽，960 多萬貧困人口實現易地搬遷，歷史性地解決了絕對貧困問題。

——科技創新成果豐碩。構建新型舉國體制，組建國家實驗室，分批推進全國重點實驗室重組。一些關鍵核心技術攻關取得新突破，載人航天、探月探火、深海深地探測、超級計算機、衛星導航、量子信息、核電技術、大飛機製造、

神舟十四號載人飛船返回艙成功著陸 飛行任務取得圓滿成功

〔名詞解釋〕

新型舉國體制

舉國體制是特殊的資源配置與組織方式，由政府統籌調配全國資源力量，達成相應目標任務。新型舉國體制是在原有舉國體制基礎上的繼承與創新。

2022 年 9 月 6 日，習近平總書記主持召開中央全面深化改革委員會第二十七次會議，審議通過《關於健全社會主義市場經濟條件下關鍵核心技術攻關新型舉國體制的意見》。會議指出，健全關鍵核心技術攻關新型舉國體制，要把政府、市場、社會有機結合起來，科學統籌、集中力量、優化機制、協同攻關。要加強戰略謀劃和系統佈局，堅持國家戰略目標導向，瞄準事關我國產業、經濟和國家安全的若干重點領域及重大任務，明確主攻方向和核心技術突破口，重點研發具有先發優勢的關鍵技術和引領未來發展的基礎前沿技術。要加強黨中央集中統一領導，建立權威的決策指揮體系。要構建協同攻關的組織運行

機制，高效配置科技力量和創新資源，強化跨領域跨學科協同攻關，形成關鍵核心技術攻關強大合力。要推動有效市場和有為政府更好結合，強化企業技術創新主體地位，加快轉變政府科技管理職能，營造良好創新生態，激發創新主體活力。

2023 年 2 月，《數字中國建設整體佈局規劃》印發，指出健全社會主義市場經濟條件下關鍵核心技術攻關新型舉國體制，加強企業主導的產學研深度融合。

人工智能、生物醫藥等領域創新成果不斷湧現。全社會研發經費投入強度從 2.1% 提高到 2.5% 以上，科技進步貢獻率提高到 60% 以上，創新支撐發展能力不斷增強。

——經濟結構進一步優化。高技術製造業、裝備製

〔延伸閱讀〕

新產業新業態新模式

新產業、新業態、新模式簡稱「三新」經濟，是經濟中新產業、新業態、新模式生產活動的集合。新產業指應用新科技成果、新興技術而形成一定規模的新型經濟活動。具體表現為：一是新技術應用產業化直接催生的新產業；二是傳統產業採用現代信息技術形成的新產業；三是由於科技成果、信息技術推廣應用，推動產業的分化、升級、融合而衍生出的新產業。新業態指順應多元化、多樣化、個性化的產品或服務需求，依託技術創新和應用，從現有產業和領域中衍生疊加出的新環節、新鏈條、新活動形態。具體表現為：一是以互聯網為依託開展的經營活動；二是商業流程、服務模式或產品形態的創新；三是提供更加靈活快捷的個性化服務。新模式指為實現用戶價值和企業持續盈利目標，對企業經營的各種內外要素進行整合和重構，形成高效並具有獨特競爭力的商業運行模式。具體表現為：一是將互聯網與產業創新融合；二是把硬件融入服務；三是提供消費、娛樂、休閒、服務的一站式服務。

造業增加值年均分別增長 10.6%、7.9%，數字經濟不斷壯大，新產業新業態新模式增加值佔國內生產總值的比重達到 17% 以上。區域協調發展戰略、區域重大戰略深入實施。常住人口城鎮化率從 60.2% 提高到 65.2%，鄉村振興戰略全面實施。經濟發展新動能加快成長。

——基礎設施更加完善。一批防汛抗旱、引水調水等重大水利工程開工建設。高速鐵路運營里程從 2.5 萬公里增加到 4.2 萬公里，高速公路里程從 13.6 萬公里增加到 17.7 萬公里。新建改建農村公路 125 萬公里。新增機場容量 4 億

〔名詞解釋〕

區域全面經濟夥伴關係協定

2020 年 11 月 15 日，區域全面經濟夥伴關係協定（Regional Comprehensive Economic Partnership，簡稱 RCEP）在 2020 年東盟輪值主席國越南的組織下正式簽署，標誌著當前世界上人口最多、經貿規模最大、最具發展潛力的自由貿易區正式啟航。RCEP 由東盟 10 國（印度尼西亞、馬來西亞、菲律賓、泰國、新加坡、文萊、柬埔寨、老撾、緬甸、越南）發起，邀請中國、日本、韓國、澳大利亞、新西蘭、印度 6 個對話夥伴國參加，旨在通過削減關稅及非關稅壁壘，建立一個統一市場。協定涵蓋 20 個章節，既包括貨物貿易、服務貿易、投資等市場准入，也包括貿易便利化、知識產權、電子商務、競爭政策、政府採購等大量規則內容。在現代化上，RCEP 採用區域原產地累積規則，支持區域產業鏈供應鏈發展；採用新技術推動海關便利化，促進新型跨境物流發展；採用負面清單作出投資准入承諾，大大提升投資政策的透明度，適應數字經濟時代的需要。2022 年 1 月 1 日，RCEP 正式生效。首批生效的國家包括文萊、柬埔寨、老撾、新加坡、泰國、越南等東盟 6 國和中國、日本、新西蘭、澳大利亞等非東盟 4 國。

人次。發電裝機容量增長 40% 以上。所有地級市實現千兆光網覆蓋,所有行政村實現通寬帶。

——改革開放持續深化。全面深化改革開放推動構建新發展格局,供給側結構性改革深入實施,簡政放權、放管結合、優化服務改革不斷深化,營商環境明顯改善。共建「一帶一路」扎實推進。推動區域全面經濟夥伴關係協定(RCEP)生效實施,建成全球最大自由貿易區。貨物進出口總額年均增長 8.6%,突破 40 萬億元並連續多年居世界首位,吸引外資和對外投資居世界前列。

——生態環境明顯改善。單位國內生產總值能耗下降 8.1%、二氧化碳排放下降 14.1%。地級及以上城市細顆粒物(PM2.5)平均濃度下降 27.5%,重污染天數下降超過五成,全國地表水優良水體比例由 67.9% 上升到 87.9%。設立首批 5 個國家公園,建立各級各類自然保護地 9000 多處。美麗中國建設邁出重大步伐。

——人民生活水平不斷提高。居民收入增長與經濟增長基本同步,全國居民人均可支配收入年均增長 5.1%。居民消費價格年均上漲 2.1%。新增勞動力平均受教育年限從 13.5 年提高到 14 年。基本養老保險參保人數增加 1.4 億、覆蓋 10.5 億人,基本醫保水平穩步提高。多年累計改造棚戶區住房 4200 多萬套,上億人出棚進樓、實現安居。

經過多年精心籌辦,成功舉辦了簡約、安全、精彩的北京冬奧會、

汪洋出席「扎實推動共同富裕」調研協商座談會

北京冬奧會冬殘奧會總結表彰大會隆重舉行 習近平發表重要講話

人民生活水平不斷提高

居民收入增長與經濟增長基本同步，全國居民人均可支配收入年均增長5.1%

居民消費價格年均上漲2.1%

新增勞動力平均受教育年限從13.5年提高到14年

基本養老保險參保人數增加1.4億、覆蓋10.5億人，基本醫保水平穩步提高

多年累計改造棚戶區住房4200多萬套，上億人出棚進樓、實現安居

冬殘奧會，為促進群眾性冰雪運動、促進奧林匹克運動發展、促進世界人民團結友誼作出重要貢獻。

新冠疫情發生三年多來，以習近平同志為核心的黨中央始終堅持人民至上、生命至上，強化醫療資源和物資保障，全力救治新冠患者，有效保護人民群眾生命安全和身體健康，因時因勢優化調整防控政策措施，全國人民堅忍不拔，取得重大決定性勝利。在極不平凡的抗疫歷程中，各地區各部門各單位做了大量工作，各行各業共克時艱，廣大醫務人員不畏艱辛，特別是億萬人民克服多重困難，付出和奉獻，都十分不易，大家共同抵禦疫情重大挑戰，面對尚未結束的疫情，仍在不斷鞏固統籌疫情防控和經濟社會發展成果。

各位代表！

五年來，我們深入貫徹以習近平同志為核心的黨中央決策部署，主要做了以下工作。

（一）創新宏觀調控，保持經濟運行在合理區間。面對貿易保護主義抬頭、疫情衝擊等接踵而來的嚴峻挑戰，創新

宏觀調控方式，不過度依賴投資，統籌運用財政貨幣等政策，增強針對性有效性，直面市場變化，重點支持市場主體紓困發展，進而穩就業保民生。把年度主要預期目標作為一個有機整體來把握，加強區間調控、定向調控、相機調控、精準調控，既果斷加大力度，又不搞「大水漫灌」、透支未來，持續做好「六穩」、「六保」工作，強化保居民就業、保基本民生、保市場主體、保糧食能源安全、保產業鏈供應鏈穩定、保基層運轉，以改革開放辦法推動經濟爬坡過坎、持續前行。

堅持實施積極的財政政策。合理把握赤字規模，五年總體赤字率控制在 3% 以內，政府負債率控制在 50% 左右。不斷優化支出結構，教育科技、生態環保、基本民生等重點領域得到有力保障。實施大規模減稅降費政策，制度性安排與階段性措施相結合，疫情發生後減稅降費力度進一步加大，成為應對衝擊的關鍵舉措。徹底完成營改增任務、取消營業稅，將增值稅收入佔比最高、涉及行業廣泛的稅率從 17% 降至 13%，階段性將小規模納稅人增值稅起徵點從月銷售額 3 萬元提高到 15 萬元、小微企業所得稅實際最低稅負率從 10% 降至 2.5%。減稅降費公平普惠、高效直達，五年累計減稅 5.4 萬億元、降費 2.8 萬億元，既幫助企業渡過難關、留得青山，也放水養魚、涵養稅源，年均新增涉稅企業和個體工商戶等超過 1100 萬戶，各年度中央財政收入預算都順利完成，考慮留抵退稅因素，全國財政收入十年接近翻一番。推動財力下

沉，中央一般公共預算支出中對地方轉移支付佔比提高到 70% 左右，建立並常態化實施中央財政資金直達機制。各級政府堅持過緊日子，嚴控一般性支出，中央部門帶頭壓減支出，盤活存量資金和閒置資產，騰出的資金千方百計惠企裕民，全國財政支出 70% 以上用於民生。

堅持實施積極的財政政策

▶ 合理把握赤字規模，五年總體赤字率控制在3%以內，政府負債率控制在50%左右

▶ 不斷優化支出結構，教育科技、生態環保、基本民生等重點領域得到有力保障

▶ 實施大規模減稅降費政策，制度性安排與階段性措施相結合，疫情發生後減稅降費力度進一步加大，成為應對衝擊的關鍵舉措

▶ 徹底完成營改增任務、取消營業稅，將增值稅收入佔比最高、涉及行業廣泛的稅率從17%降至13%，階段性將小規模納稅人增值稅起徵點從月銷售額3萬元提高到15萬元、小微企業所得稅實際最低稅負率從10%降至2.5%

▶ 減稅降費公平普惠、高效直達，五年累計減稅5.4萬億元、降費2.8萬億元
年均新增涉稅企業和個體工商戶等超過1100萬戶

▶ 各年度中央財政收入預算都順利完成，考慮留抵退稅因素，全國財政收入十年接近翻一番

▶ 推動財力下沉，中央一般公共預算支出中對地方轉移支付佔比提高到70%左右，建立並常態化實施中央財政資金直達機制

▶ 各級政府堅持過緊日子，嚴控一般性支出，中央部門帶頭壓減支出，盤活存量資金和閒置資產，騰出的資金千方百計惠企裕民，全國財政支出70%以上用於民生

堅持實施穩健的貨幣政策。根據形勢變化靈活把握政策力度，保持流動性合理充裕，用好降準、再貸款等政策工具，加大對實體經濟的有效支持，緩解中小微企業融資難融資貴等問題。製造業貸款餘額從 16.3 萬億元增加到 27.4 萬億元。普惠小微貸款餘額從 8.2 萬億元增加到 23.8 萬億元、年均增長 24%，貸款平均利率較五年前下降 1.5 個百分點。加大清理拖欠中小企業賬款力度。人民幣匯率在合理均衡水平上彈性增強、保持基本穩定。完全化解了歷史上承擔的國有商業銀行和農村信用社等 14486 億元金融改革成本。運用市場化法治化方式，精準處置一批大型企業集團風險，平穩化解高風險中小金融機構風險，大型金融機構健康發展，金融體系穩健運行，守住了不發生系統性風險的底線。

強化就業優先政策導向。把穩就業作為經濟運行在合理區間的關鍵指標。著力促進市場化社會化就業，加大對企業穩崗擴崗支持力度。將養老保險單位繳費比例從 20% 降至 16%，同時充實全國社保基金，儲備規模從 1.8 萬億元增

〔名詞解釋〕

中央財政資金直達機制

中央財政資金直達機制是指中央政府直接撥款到地方，資金下達被稱為直達資金。直達資金避免了資金的層層審批，能夠發揮資金效益，利企利民。

建立財政資金直達機制，是黨中央、國務院在 2020 年作出的重大決策部署，對有效應對疫情影響、支持地方做好「六穩」工作、落實「六保」任務具有重要意義。

強化就業優先政策導向	▶ 把穩就業作為經濟運行在合理區間的關鍵指標
	▶ 著力促進市場化社會化就業，加大對企業穩崗擴崗支持力度
	▶ 將養老保險單位繳費比例從20%降至16%，同時充實全國社保基金，儲備規模從1.8萬億元增加到2.5萬億元以上
	▶ 實施失業保險基金穩崗返還、留工培訓補助等政策
	▶ 持續推進大眾創業萬眾創新，連續舉辦8屆全國雙創活動週、超過5.2億人次參與，鼓勵以創業帶動就業，加強勞動者權益保護，新就業形態和靈活就業成為就業增收的重要渠道
	▶ 做好高校畢業生、退役軍人、農民工等群體就業工作
	▶ 使用失業保險基金等資金支持技能培訓
	▶ 實施高職擴招和職業技能提升三年行動，累計擴招413萬人、培訓8300多萬人次

加到 2.5 萬億元以上。實施失業保險基金穩崗返還、留工培訓補助等政策。持續推進大眾創業萬眾創新，連續舉辦 8 屆全國雙創活動週、超過 5.2 億人次參與，鼓勵以創業帶動就業，加強勞動者權益保護，新就業形態和靈活就業成為就業增收的重要渠道。做好高校畢業生、退役軍人、農民工等群體就業工作。使用失業保險基金等資金支持技能培訓。實施高職擴招和職業技能提升三年行動，累計擴招 413 萬人、培訓 8300 多萬人次。就業是民生之基、財富之源。14 億多人口大國保持就業穩定，難能可貴，蘊含著巨大創造力。

保持物價總體平穩。在應對衝擊中沒有持續大幅增加赤字規模，也沒有超發貨幣，為物價穩定創造了宏觀條件。下大氣力抓農業生產，強化產銷銜接和儲備調節，確保糧食和生豬、蔬菜等穩定供應，及時解決煤炭電力供應緊張問題，滿足民生和生產用能需求，保障交通物流暢通。加強市場監管，維護正常價格秩序。十年來我國居民消費價格漲幅穩定在 2% 左右的較低水平，成如容易卻艱辛，既維護了市場經濟秩序、為宏觀政策實施提供了空間，又有利於更好保障基本民生。

（二）如期打贏脫貧攻堅戰，鞏固拓展脫貧攻堅成果。全面建成小康社會最艱巨最繁重的任務在農村特別是在貧困地區。堅持精準扶貧，聚焦「三區三州」等深度貧困地區，強化政策傾斜支持，優先保障脫貧攻堅資金投入，對脫貧難度大的縣和村掛牌督戰。深入實施產業、就業、生態、教育、健康、社會保障等幫扶，加強易地搬遷後續扶持，重點

解決「兩不愁三保障」問題，脫貧群眾不愁吃、不愁穿，義務教育、基本醫療、住房安全有保障，飲水安全也有了保障。貧困地區農村居民收入明顯增加，生產生活條件顯著改善。

推動鞏固拓展脫貧攻堅成果同鄉村振興有效銜接。保持過渡期內主要幫扶政策總體穩定，嚴格落實「四個不摘」要求，建立健全防止返貧動態監測和幫扶機制，有力應對疫情、災情等不利影響，確保不發生規模性返貧。確定並集中支持 160 個國家鄉村振興重點幫扶縣，加大對易地搬遷集中安置區等重點區域支持力度，堅持並完善東西部協作、對口支援、定點幫扶等機制，選派用好醫療、教育「組團式」幫扶幹部人才和科技特派員，推動脫貧地區加快發展和群眾穩定增收。

〔名詞解釋〕

三區三州

三區三州，「三區」是指西藏、新疆南疆四地州和雲南、四川、青海、甘肅四省涉藏地區；「三州」是指甘肅的臨夏州、四川的涼山州和雲南的怒江州。

四個不摘

四個不摘是指摘帽不摘責任、摘帽不摘政策、摘帽不摘幫扶和摘帽不摘監管。

160個國家鄉村振興重點幫扶縣名單

省份	數量	國家鄉村振興重點幫扶縣名單
內蒙古	10	巴林左旗、庫倫旗、鄂倫春自治旗、化德縣、商都縣、四子王旗、科爾沁右翼前旗、科爾沁右翼中旗、扎賚特旗、正鑲白旗
廣西	20	馬山縣、融水苗族自治縣、三江侗族自治縣、德保縣、那坡縣、凌雲縣、樂業縣、田林縣、隆林各族自治縣、靖西市、昭平縣、鳳山縣、東蘭縣、羅城仫佬族自治縣、環江毛南族自治縣、巴馬瑤族自治縣、都安瑤族自治縣、大化瑤族自治縣、忻城縣、天等縣
重慶	4	城口縣、巫溪縣、酉陽土家族苗族自治縣、彭水苗族土家族自治縣
四川	25	金川縣、黑水縣、壤塘縣、阿壩縣、若爾蓋縣、紅原縣、道孚縣、爐霍縣、甘孜縣、新龍縣、德格縣、白玉縣、石渠縣、色達縣、理塘縣、鹽源縣、普格縣、布拖縣、金陽縣、昭覺縣、喜德縣、越西縣、甘洛縣、美姑縣、雷波縣
貴州	20	水城區、正安縣、務川仡佬族苗族自治縣、關嶺布依族苗族自治縣、紫雲苗族布依族自治縣、織金縣、納雍縣、威寧彝族回族苗族自治縣、赫章縣、沿河土家族自治縣、松桃苗族自治縣、晴隆縣、望謨縣、冊亨縣、錦屏縣、劍河縣、榕江縣、從江縣、羅甸縣、三都水族自治縣
雲南	27	東川區、會澤縣、宣威市、昭陽區、魯甸縣、巧家縣、鹽津縣、大關縣、永善縣、鎮雄縣、彝良縣、寧蒗彝族自治縣、瀾滄拉祜族自治縣、武定縣、元陽縣、紅河縣、金平苗族瑤族傣族自治縣、綠春縣、馬關縣、廣南縣、瀘水市、福貢縣、貢山獨龍族怒族自治縣、蘭坪白族普米族自治縣、香格里拉市、德欽縣、維西傈僳族自治縣
陝西	11	昭陽縣、鎮巴縣、漢濱區、紫陽縣、嵐皋縣、白河縣、丹鳳縣、商南縣、山陽縣、鎮安縣、柞水縣
甘肅	23	靖遠縣、會寧縣、麥積區、秦安縣、張家川回族自治縣、古浪縣、莊浪縣、靜寧縣、環縣、鎮原縣、通渭縣、渭源縣、岷縣、武都區、文縣、宕昌縣、西和縣、禮縣、永靖縣、東鄉族自治縣、積石山保安族東鄉族撒拉族自治縣、臨潭縣、舟曲縣
青海	15	同仁市、尖扎縣、澤庫縣、共和縣、瑪沁縣、班瑪縣、甘德縣、達日縣、瑪多縣、玉樹市、雜多縣、稱多縣、治多縣、囊謙縣、曲麻萊縣
寧夏	5	紅寺堡區、同心縣、原州區、西吉縣、海原縣

　　（三）聚焦重點領域和關鍵環節深化改革，更大激發市場活力和社會創造力。堅持社會主義市場經濟改革方向，處理好政府和市場的關係，使市場在資源配置中起決定性作用，更好發揮政府作用，推動有效市場和有為政府更好結合。

　　持續推進政府職能轉變。完成國務院及地方政府機構改革。加快建設全國統一大市場，建設高標準市場體系，營造市場化法治化國際化營商環境。大道至簡，政簡易行。持之以恆推進觸動政府自身利益的改革。進一步簡政放權，放寬市場准入，全面實施市場准入負面清單制度，清單管理措施比制度建立之初壓減 64%，將行政許可事項全部納入清單管理。多年來取消和下放行政許可事項 1000 多項，中央政府層面核准投資項目壓減 90% 以上，工業產品生產許可證從 60 類減少到 10 類，工程建設項目全流程審批時間壓縮到不超過 120 個工作日。改革商事制度，推行「證照分離」改革，企業開辦時間從一個月以上壓縮到目前的平均 4 個工作日以內，實行中小微企業簡易註銷制度。堅持放管結合，加強事中事後監管，嚴格落實監管責任，防止監管缺位、重放輕管，強化食品藥品等重點領域質量和安全監管，推行「雙隨機、一公開」等方式加強公正監管，規範行使行政裁量權。加強反壟斷和反不正當競爭，全面落實公平競爭審查制度，改革反壟斷執法體制。依法規範和引導資本健康發展，依法堅決管控資本無序擴張。不斷優化服務，推進政務服務集成辦理，壓減各類證明事項，加快數字政府建設，

〔名詞解釋〕

中小微企業簡易註銷制度

中小微企業簡易註銷制度是國家為暢通市場主體中小微企業的退出渠道，降低市場主體退出成本，激發市場主體競爭活力，完善優勝劣汰的市場機制，推動經濟高質量發展的重要手段。

2021 年 7 月，國家市場監管總局、國家稅務總局聯合印發《關於進一步完善簡易註銷登記便捷中小微企業市場退出的通知》，將簡易註銷登記的公示時間由 45 天壓縮為 20 天，公示期屆滿後，市場主體可直接向市場監管部門申請辦理簡易註銷登記。

通知明確，將簡易註銷登記的適用範圍拓展至未發生債權債務或已將債權債務清償完結的市場主體（上市股份有限公司除外）。市場主體在申請簡易註銷登記時，不應存在未結清清償費用、職工工資、社會保險費用、法定補償金、應繳納稅款（滯納金、罰款）等債權債務。同時，全體投資人書面承諾對上述情況的真實性承擔法律責任。

與此同時，稅務部門通過信息共享獲取市場監管部門推送的擬申請簡易註銷登記信息後，應按照規定的程序和要求，查詢稅務信息系統核實相關涉稅情況，對經查詢系統顯示為以下情形的納稅人，稅務部門不提出異議：包括未辦理過涉稅事宜的納稅人；辦理過涉稅事宜但沒領用過發票（含代開發票）、沒有欠稅和沒有其他未辦結事項的納稅人；查詢時已辦結繳銷發票、結清應納稅款等清稅手續的納稅人。

通知還著重加強和提高簡易註銷流程各個環節的可操作性和便利程度。市場主體應當在公示期屆滿之日起 20 天內向市場監管部門申請，可根據實際情況申請適當延長，最長不超過 30 天。

90% 以上的政務服務實現網上可辦，戶籍證明、社保轉接等 200 多項群眾經常辦理事項實現跨省通辦。取消所有省界高速公路收費站。制定實施優化營商環境、市場主體登記管理、促進個體工商戶發展、保障中小企業款項支付等條例。改革給人們經商辦企業更多便利和空間，去年底企業數量超過 5200 萬戶、個體工商戶超過 1.1 億戶，市場主體

中國工商業聯合會第十三次全國代表大會開幕　李強代表中共中央國務院致賀詞

總量超過 1.6 億戶、是十年前的 3 倍,發展內生動力明顯增強。

促進多種所有制經濟共同發展。堅持和完善社會主義基本經濟制度,堅持「兩個毫不動搖」。完成國企改革三年行動任務,健全現代企業制度,推動國企聚焦主責主業優化重組、提質增效。促進民營企業健康發展,破除各種隱性壁壘,一視同仁給予政策支持,提振民間投資信心。完善產權保護制度,保護企業家合法權益,弘揚企業家精神。

推進財稅金融體制改革。深化預算管理體制改革,加大預算公開力度,推進中央與地方財政事權和支出責任劃分改革,完善地方政府債務管理體系,構建綜合與分類相結合的個人所得稅制,進一步深化稅收徵管改革。推動金融監管體制改革,統籌推進中小銀行補充資本和改革化險,推進股票發行註冊制改革,完善資本市場基礎制度,加強金融穩定法治建設。

(四)深入實施創新驅動發展戰略,推動產業結構優化升級。深化供給側結構性改革,完善國家和地方創新體系,推進科技自立自強,緊緊依靠創新提升實體經濟發展水平,不斷培育壯大發展新動能,有效應對外部打壓遏制。

增強科技創新引領作用。強化國家戰略科技力量,實施一批科技創新重大項目,加強關鍵核心技術攻關。發揮好高校、科研院所作用,支持新型研發機構發展。推進國際和區域科技創新中心建設,佈局建設綜合性國家科學中心。支持基礎研究和應用基礎研究,全國基礎研究經費五年增長

增強科技創新引領作用	▶ 強化國家戰略科技力量，實施一批科技創新重大項目，加強關鍵核心技術攻關
	▶ 發揮好高校、科研院所作用，支持新型研發機構發展
	▶ 推進國際和區域科技創新中心建設，佈局建設綜合性國家科學中心
	▶ 支持基礎研究和應用基礎研究，全國基礎研究經費五年增長1倍
	▶ 改革科研項目和經費管理制度，賦予科研單位和科研人員更大自主權
	▶ 加強知識產權保護，激發創新動力
	▶ 促進國際科技交流合作
	▶ 通過市場化機制激勵企業創新，不斷提高企業研發費用加計扣除比例，將製造業企業、科技型中小企業分別從50%、75%提高至100%，並階段性擴大到所有適用行業，對企業投入基礎研究、購置設備給予政策支持，各類支持創新的稅收優惠政策年度規模已超過萬億元
	▶ 創設支持創新的金融政策工具，引導創業投資等發展
	▶ 企業研發投入保持兩位數增長，一大批創新企業脫穎而出

1倍。改革科研項目和經費管理制度，賦予科研單位和科研人員更大自主權，努力將廣大科技人員從繁雜的行政事務中解脫出來。加強知識產權保護，激發創新動力。促進國際科技交流合作。通過市場化機制激勵企業創新，不斷提高企業研發費用加計扣除比例，將製造業企業、科技型中小企業分

別從 50%、75% 提高至 100%，並階段性擴大到所有適用行業，對企業投入基礎研究、購置設備給予政策支持，各類支持創新的稅收優惠政策年度規模已超過萬億元。創設支持創新的金融政策工具，引導創業投資等發展。企業研發投入保持兩位數增長，一大批創新企業脫穎而出。

推動產業向中高端邁進。把製造業作為發展實體經濟的重點，促進工業經濟平穩運行，保持製造業比重基本穩定。嚴格執行環保、質量、安全等法規標準，淘汰落後產能。開展重點產業強鏈補鏈行動。啟動一批產業基礎再造工程。鼓勵企業加快設備更新和技術改造，將固定資產加速折舊優惠政策擴大至全部製造業。推動高端裝備、生物醫藥、光電子信息、新能源汽車、光伏、風電等新興產業加快發展。促進數字經濟和實體經濟深度融合。持續推進網絡提速降費，發展「互聯網＋」。移動互聯網用戶數增加到 14.5 億戶。支持工業互聯網發展，有力促進了製造業數字化智能化。專精特新中小企業達 7 萬多家。促進平台經濟健康持續發展，發揮其帶動就業創業、拓展消費市場、創新生產模式等作用。發展研發設計、現代物流、檢驗檢測認證等生產性服務業。加強全面質量管理和質量基礎設施建設。中國製造的品質和競爭力不斷提升。

（五）擴大國內有效需求，推進區域協調發展和新型城鎮化。圍繞構建新發展格局，立足超大規模市場優勢，堅持實施擴大內需戰略，培育更多經濟增長動力源。

著力擴大消費和有效投資。疫情發生前，消費已經成

〔名詞解釋〕

重點產業強鏈補鏈行動

2021 年 7 月 30 日，中共中央政治局會議提出開展補鏈強鏈專項行動，加快解決「卡脖子」難題。

當前，國際形勢錯綜複雜，新一輪科技革命和產業變革風起雲湧，競爭更趨激烈。儘管我國已擁有全球最完整的製造體系，但仍存在部分核心環節和關鍵技術受制於人，產業基礎能力、高端和高質量產品供給能力有待提升等問題。迫切需要既鍛造產業鏈供應鏈長板，鞏固提升優勢產業的領先地位，又儘快補齊產業鏈供應鏈短板，在關係國家安全的領域和節點構建自主可控、安全可靠的國內生產供應體系，在關鍵時刻可以做到自主循環。

加快解決「卡脖子」難題，是要堅持戰略需求導向，針對薄弱環節，實施好關鍵核心技術攻關；加強基礎研究，推動應用研究，是在補短板的同時加快培育壯大新動能，增強產業鏈供應鏈靈活性；發展專精特新中小企業，更旨在精耕細作，在產業鏈的重要節點形成一批具有優勢的企業，發揮好它們在供應鏈中的重要作用。

〔名詞解釋〕

產業基礎再造

產業基礎是國民經濟中各類產業的基礎性產業鏈環節以及提供基礎性支撐的一系列要素和環境的集合。由於其基礎性地位和功能，因而是構建自主可控現代產業體系和塑造可持續國家競爭優勢的基礎條件和力量源泉。2019 年 8 月 26 日下午，中央財經委員會第五次會議強調，要打好產業基礎高級化、產業鏈現代化的攻堅戰，實施產業基礎再造工程。國家「十四五」規劃和 2035 年遠景目標綱要進一步提出，實施產業基礎再造工程，加快補齊基礎零部件及元器件、基礎軟件、基礎材料、基礎工藝和產業技術基礎等瓶頸短板。

產業基礎再造是通過創新引領、系統設計、統籌謀劃、重點突破和協同推進產業基礎發展，重構與新時代現代產業體系相匹配和相適應的產業基礎，補齊產業鏈供應鏈短板，提升產業基礎能力，以增強產業鏈供應鏈韌性，從而實現產業鏈現代化和產業高質量發展。

為我國經濟增長的主要拉動力。面對需求不足甚至出現收縮，推動消費盡快恢復。多渠道促進居民增收，提高中低收入群體收入。支持汽車、家電等大宗消費，汽車保有量突破 3 億輛、增長 46.7%。推動線上線下消費深度融合，實物商品網上零售額佔社會消費品零售總額的比重從 15.8% 提高到 27.2%。發展城市社區便民商業，完善農村快遞物流配送體系。幫扶旅遊業發展。圍繞補短板、調結構、增後勁擴大有效投資。創新投融資體制機制，預算內投資引導和撬動社會投資成倍增加，增加地方政府專項債券額度，重點支持交通、水利、能源、信息等基礎設施和民生工程建設，鼓勵社會資本參與建設運營，調動民間投資積極性。

增強區域發展平衡性協調性。統籌推進西部大開發、東北全面振興、中部地區崛起、東部率先發展，中西部地區經濟增速總體高於東部地區。加大對革命老區、民族地區、邊疆地區的支持力度，中央財政對相關地區轉移支付資金比五年前增長 66.8%。推進京津冀協同發展、長江經濟帶發展、長三角一體化發展，推動黃河流域生態保護和高質量發展。高標準高質量建設雄安新區。發展海洋經濟。支持經濟困難地區發展，促進資源型地區轉型發展，鼓勵有條件地區更大發揮帶動作用，推動形成更多新的增長極增長帶。

持續推進以人為核心的新型城鎮化。我國仍處於城鎮化進程中，每年有上千萬農村人口轉移到城鎮。完善城市特別是縣城功能，增強綜合承載能力。分類放寬或取消城鎮落戶限制，十年 1.4 億農村人口在城鎮落戶。有序發展城市群和

都市圈，促進大中小城市協調發展。推動成渝地區雙城經濟圈建設。堅持房子是用來住的、不是用來炒的定位，建立實施房地產長效機制，擴大保障性住房供給，推進長租房市場建設，穩地價、穩房價、穩預期，因城施策促進房地產市場健康發展。加強城市基礎設施建設，軌道交通運營里程從4500多公里增加到近1萬公里，排水管道從63萬公里增加到89萬公里。改造城鎮老舊小區16.7萬個，惠及2900多萬家庭。

（六）保障國家糧食安全，大力實施鄉村振興戰略。完善強農惠農政策，持續抓緊抓好農業生產，加快推進農業農村現代化。

〔名詞解釋〕

國家糧食安全產業帶建設

國家糧食安全產業帶是在現有糧食生產功能區和重要農產品生產保護區建設的基礎上，以全方位夯實糧食安全根基為目標，以推進糧食產業高質量發展為核心，通過集聚整合資源要素提升糧食綜合生產能力，打造產業鏈、價值鏈、供應鏈「三鏈協同」的糧食產業體系，全面增強糧食安全綜合保障能力。從全球範圍來看，建設糧食安全產業帶是世界主要農業大國邁向農業強國的重要途徑。國家糧食安全產業帶建設的基本目標：一是打造糧食生產功能區、保護區的升級版。二是建設糧食主產區經濟發展的戰略協同平台。三是成為調動地方政府和種糧農民兩方積極性的政策抓手。國家糧食安全產業帶建設的重點工作：一方面要做好頂層設計，加強政策支持；另一方面要加強產業帶基礎建設，重點實施「糧食綜合生產能力固本強基」「糧食現代流通設施提檔升級」「糧食產業高質量發展」「糧食產業主體培育」四大工程。

提升農業綜合生產能力。穩定和擴大糧食播種面積，擴種大豆油料，優化生產結構佈局，提高單產和品質。完善糧食生產支持政策，穩定種糧農民補貼，合理確定稻穀、小麥最低收購價，加大對產糧大縣獎勵力度，健全政策性農業保險制度。加強耕地保護，實施黑土地保護工程，完善水利設施，新建高標準農田 4.56 億畝。推進國家糧食安全產業帶建設。加快種業、農機等科技創新和推廣應用，農作物耕種收綜合機械化率從 67% 提高到 73%。全面落實糧食安全黨政同責，強化糧食和重要農產品穩產保供，始終不懈地把 14 億多中國人的飯碗牢牢端在自己手中。

扎實推進農村改革發展。鞏固和完善農村基本經營制度，完成承包地確權登記頒證和農村集體產權制度改革階段性任務，穩步推進多種形式適度規模經營，抓好家庭農場和農民合作社發展，加快發展農業社會化服務。啟動鄉村建設行動，持續整治提升農村人居環境，加強水電路氣信郵等基礎設施建設，實現符合條件的鄉鎮和建制村通硬化路、通客車，農村自來水普及率從 80% 提高到 87%，多年累計改造農村危房 2400 多萬戶。深化供銷合作社、集體林權、農墾等改革。立足特色資源發展鄉村產業，促進農民就業創業增收。為保障農民工及時拿到應得報酬，持續強化農民工工資拖欠治理，出台實施保障農民工工資支付條例，嚴厲打擊惡意拖欠行為。

（七）堅定擴大對外開放，深化互利共贏的國際經貿合作。面對外部環境變化，實行更加積極主動的開放戰略，以

高水平開放更有力促改革促發展。

推動進出口穩中提質。加大出口退稅、信保、信貸等政策支持力度，企業出口退稅辦理時間壓縮至 6 個工作日以內。優化外匯服務。發展外貿新業態，新設 152 個跨境電商綜試區，支持建設一批海外倉。發揮進博會、廣交會、服貿會、消博會等重大展會作用。推進通關便利化，進口、出口通關時間分別壓減 67% 和 92%，進出口環節合規成本明顯下降。關稅總水平從 9.8% 降至 7.4%。全面深化服務貿易創新發展試點，推出跨境服務貿易負面清單。進出口穩定增長有力支撐了經濟發展。

積極有效利用外資。出台外商投資法實施條例，不斷優化外商投資環境。持續放寬外資市場准入，全國和自由貿易試驗區負面清單條數分別壓減 51%、72%，製造業領域基本全面放開，金融等服務業開放水平不斷提升。已設 21 個自由貿易試驗區，海南自由貿易港建設穩步推進。各地創新方式加強外資促進服務，加大招商引資和項目對接力度。一批外資大項目落地，我國持續成為外商投資興業的熱土。

韓正主持召開推進海南全面深化改革開放領導小組專題會議

推動高質量共建「一帶一路」。堅持共商共建共享，遵循市場原則和國際通行規則，實施一批互聯互通和產能合作項目，對沿線國家貨物進出口額年均增長 13.4%，各領域交流合作不斷深化。推進西部陸海新通道建設。引導對外投資健康有序發展，加強境外風險防控。新簽和升級 6 個自貿協

國家主席習近平出席 2022 年世界經濟論壇視頻會議並發表演講

〔名詞解釋〕

外商投資法實施條例

外商投資法實施條例，是外商投資法的配套法規，自 2020 年 1 月 1 日起施行。在內容上，條例既對外商投資法需要從行政法規層面細化的事項盡可能予以明確，增強法律制度的可操作性，保障法律有效實施；又為有關部門在規章、規範性文件中對有關問題作出進一步規定或在實際執行中具體掌握留有空間。外商投資法實施條例對於保障外商投資法有效實施具有重要意義。

〔延伸閱讀〕

21個自貿試驗區

截至 2020 年 9 月 21 日，我國共設立 6 批 21 個自貿試驗區，形成「1+3+7+1+6+3」的新格局。

2013 年 9 月，中國大陸第一個自貿區上海自貿區掛牌成立。

2015 年 4 月，廣東、天津和福建 3 個自貿區掛牌成立。

2016 年 8 月，黨中央、國務院決定，在遼寧、浙江、河南、湖北、重慶、四川、陝西等省市新設 7 個自貿區。

2018 年 4 月，在慶祝海南建省辦經濟特區 30 週年大會上，海南自貿試驗區橫空出世。

2019 年 8 月，國務院印發 6 個新設自由貿易試驗區總體方案，山東、江蘇、廣西、河北、雲南、黑龍江等 6 省（區）加入中國自由貿易試驗區新方陣。

2020 年 9 月 21 日，國務院印發北京、湖南、安徽自由貿易試驗區總體方案及浙江自由貿易試驗區擴展區域方案。中國自貿區形成「1+3+7+1+6+3」的新格局。

定，與自貿夥伴貨物進出口額佔比從 26% 提升至 35% 左右。堅定維護多邊貿易體制，反對貿易保護主義，穩妥應對經貿摩擦，促進貿易和投資自由化便利化。

（八）加強生態環境保護，促進綠色低碳發展。堅持綠水青山就是金山銀山的理念，健全生態文明制度體系，處理好發展和保護的關係，不斷提升可持續發展能力。

加強污染治理和生態建設。堅持精準治污、科學治污、依法治污，深入推進污染防治攻堅。注重多污染物協同治理和區域聯防聯控，地級及以上城市空氣質量優良天數比例達 86.5%、上升4 個百分點。基本消除地級及以上城市黑臭水體，推進重要河湖、近岸海域污染防治。加大土壤污染風險防控和修復力度，強化固體廢物和新污染物治理。全面劃定耕地和永久基本農田保護紅線、生態保護紅線和城鎮開發邊界。堅持山水林田湖草沙一體化保護和系統治理，實施一批重大生態工程，全面推行河湖長制、林長制。推動共抓長江大保護，深入實施長江流域重點水域十年禁漁。加強生物多樣性保護。完善生態保護補償制度。森林覆蓋率達到 24%，草原綜合植被蓋度和濕地保護率均達 50% 以上，水土流失、荒漠化、沙化土地面積分別淨減少 10.6 萬、3.8 萬、3.3 萬平方公里。人民群眾越來越多享受到藍天白雲、綠水青山。

穩步推進節能降碳。統籌能源安全穩定供應和綠色低碳發展，科學有序推進碳達峰碳中和。優化能源結構，實現超低排放的煤電機組超過 10.5 億千瓦，可再生能源裝機規

栗戰書出席青藏高原生態保護法立法座談會

▶ 加強污染治理和生態建設

○ 注重多污染物協同治理和區域聯防聯控，
地級及以上城市空氣質量優良天數比例達86.5%，
上升4个百分點

○ 基本消除地級及以上城市黑臭水體，推進重要河湖、
近岸海域污染防治

○ 加大土壤污染風險防控和修復力度，
強化固體廢物和新污染物治理

○ 全面劃定耕地和永久基本農田保護紅線、生態保護
紅線和城鎮開發邊界

○ 堅持山水林田湖草沙一體化保護和系統治理，實施
一批重大生態工程，全面推行河湖長制、林長制

○ 推動共抓長江大保護，深入實施長江流域重點水域
十年禁漁

○ 加強生物多樣性保護　○ 完善生態保護補償制度

○ 森林覆蓋率達到24%，草原綜合植被蓋度和濕地保護
率均達50%以上

○ 水土流失面積淨減少10.6萬平方公里、荒漠化土地面積
淨減少3.8萬平方公里、沙化土地面積淨減少3.3萬平方公里

▶ 穩步推進節能降碳

○ 統籌能源安全穩定供應和綠色低碳發展，科學有序
推進碳達峰碳中和

○ 優化能源結構，實現超低排放的煤電機組超過10.5億千
瓦，可再生能源裝機規模由6.5億千瓦增至12億千瓦以
上，清潔能源消費佔比由20.8%上升到25%以上

○ 全面加強資源節約工作，發展綠色產業和循環經濟，
促進節能環保技術和產品研發應用

○ 提升生態系統碳匯能力

○ 加強綠色發展金融支持　○ 完善能耗考核方式

○ 積極參與應對氣候變化國際合作

加強生態環境保護，促進綠色低碳發展

模由 6.5 億千瓦增至 12 億千瓦以上，清潔能源消費佔比由 20.8% 上升到 25% 以上。全面加強資源節約工作，發展綠色產業和循環經濟，促進節能環保技術和產品研發應用。提升生態系統碳匯能力。加強綠色發展金融支持。完善能耗考核方式。積極參與應對氣候變化國際合作，為推動全球氣候治理作出了中國貢獻。

（九）切實保障和改善民生，加快社會事業發展。貫徹以人民為中心的發展思想，持續增加民生投入，著力保基本、兜底線、促公平，提升公共服務水平，推進基本公共服務均等化，在發展中不斷增進民生福祉。

促進教育公平和質量提升。百年大計，教育為本。財政性教育經費佔國內生產總值比例每年都保持在 4% 以上，學生人均經費投入大幅增加。持續加強農村義務教育薄弱環節建設，基本消除城鎮大班額，推動解決進城務工人員子女入學問題，義務教育鞏固率由 93.8% 提高到 95.5%。堅持義務教育由國家統一實施，引導規範民辦教育發展。減輕義務教育階段學生負擔。提升青少年健康水平。持續實施營養改善計劃，每年惠及 3700 多萬學生。保障教師特別是鄉村教師工資待遇。多渠道增加幼兒園供給。高中階段教育毛入學率提高到 90% 以上。職業教育適應性增強，職業院校辦學條件持續改善。積極穩妥推進高考綜合改革，高等教育毛入學率從 45.7% 提高到 59.6%，高校招生持續加大對中西部地區和農村地區傾斜力度。大幅提高經濟困難高校學生國家助學貸款額度。深入實施「強基計劃」和基礎學科拔尖人才培養

計劃，建設 288 個基礎學科拔尖學生培養基地，接續推進世界一流大學和一流學科建設，不斷夯實發展的人才基礎。

提升醫療衛生服務能力。深入推進和努力普及健康中國行動，深化醫藥衛生體制改革，把基本醫療衛生制度作為公共產品向全民提供，進一步緩解群眾看病難、看病貴問

促進教育公平和質量提升

- ▶ 財政性教育經費佔國內生產總值比例每年都保持在4%以上，學生人均經費投入大幅增加
- ▶ 持續加強農村義務教育薄弱環節建設，基本消除城鎮大班額，推動解決進城務工人員子女入學問題
- ▶ 堅持義務教育由國家統一實施，引導規範民辦教育發展
- ▶ 減輕義務教育階段學生負擔
- ▶ 提升青少年義務教育水平
- ▶ 持續實施營養改善計劃，每年惠及3700多萬學生
- ▶ 保障教師特別是鄉村教師工資待遇
- ▶ 多渠道增加幼兒園供給
- ▶ 高中階段教育毛入學率提高到90%以上
- ▶ 職業教育適應性增強，職業院校辦學條件持續改善
- ▶ 積極穩妥推進高考綜合改革，高校招生持續加大對中西部地區和農村地區傾斜力度
- ▶ 大幅提高經濟困難高校學生國家助學貸款額度
- ▶ 深入實施「強基計劃」和基礎學科拔尖人才培養計劃，建設288個基礎學科拔尖學生培養基地，接續推進世界一流大學和一流學科建設

題。持續提高基本醫保和大病保險水平，城鄉居民醫保人均財政補助標準從 450 元提高到 610 元。將更多群眾急需藥品納入醫保報銷範圍。住院和門診費用實現跨省直接結算，惠及 5700 多萬人次。推行藥品和醫用耗材集中帶量採購，降低費用負擔超過 4000 億元。設置 13 個國家醫學中心，佈局建設 76 個國家區域醫療中心。全面推開公立醫院綜合改革，持續提升縣域醫療衛生服務能力，完善分級診療體系。優化老年人等群體就醫服務。促進中醫藥傳承創新發展、惠及民生。基本公共衛生服務經費人均財政補助標準從 50 元提高到 84 元。堅持預防為主，加強重大慢性病健康管理。改革完善疾病預防控制體系，組建國家疾病預防控制局，健全重大疫情防控救治和應急物資保障體系，努力保障人民健康。

加強社會保障和服務。建立基本養老保險基金中央調劑制度，連續上調退休人員基本養老金，提高城鄉居民基礎養老金最低標準，穩步提升城鄉低保、優待撫恤、失業和工傷保障等標準。積極應對人口老齡化，推動老齡事業和養老產業發展。發展社區和居家養老服務，加強配套設施和無障礙設施建設，在稅費、用房、水電氣價格等方面給予政策支持。推進醫養結合，穩步推進長期護理保險制度試點。實施三孩生育政策及配套支持措施。完善退役軍人管理保障制度，提高保障水平。加強婦女、兒童權益保障。完善未成年人保護制度。健全殘疾人保障和關愛服務體系。健全社會救助體系，加強低收入人口動態監測，對遇困人員及時給予幫

〔名詞解釋〕

三孩生育政策

三孩生育政策是中國積極應對人口老齡化而實行的一項生育政策。2021 年 5 月，中共中央政治局召開會議，審議《關於優化生育政策促進人口長期均衡發展的決定》，並指出，為進一步優化生育政策，實施一對夫妻可以生育三個子女政策及配套支持措施。6 月，《中共中央 國務院關於優化生育政策促進人口長期均衡發展的決定》印發，就優化生育政策，實施一對夫妻可以生育三個子女政策，並取消社會撫養費等制約措施、清理和廢止相關處罰規定，配套實施積極生育支持措施，作出相關規定。7 月，國家醫療保障局辦公室下發關於做好支持三孩政策生育保險工作的通知，提出要確保參保女職工生育三孩的費用納入生育保險待遇支付範圍。8 月，全國人大常委會會議表決通過了關於修改人口與計劃生育法的決定，修改後的人口計生法規定，國家提倡適齡婚育、優生優育，一對夫妻可以生育三個子女。12 月《國家衛生健康委辦公廳關於完善生育登記制度的指導意見》印發，就精簡登記事項、優化相關服務、強化人口監測三方面進行詳細安排，保障優化生育政策工作，推動提升家庭發展能力，促進人口長期均衡發展。

扶，年均臨時救助 1100 萬人次，堅決兜住了困難群眾基本生活保障網。

豐富人民群眾精神文化生活。培育和踐行社會主義核心價值觀。深化群眾性精神文明創建。發展新聞出版、廣播影視、文學藝術、哲學社會科學和檔案等事業，加強智庫建設。扎實推進媒體深度融合。提升國際傳播效能。加強和創新互聯網內容建設。弘揚中華優秀傳統文化，加強文物和文化遺產保護傳承。實施文化惠民工程，公共圖書館、博物館、美術館、

蔡奇出席 2023 年全國宣傳部長會議並講話

給正義撐腰　　　　朱慧卿／作　新華社發

文化館站向社會免費開放。深入推進全民閱讀。支持文化產業發展。加強國家科普能力建設。體育健兒勇創佳績，全民健身廣泛開展。

（十）推進政府依法履職和社會治理創新，保持社會大局穩定。加強法治政府建設，使經濟社會活動更好在法治軌道上運行。堅持依法行政、大道為公，嚴格規範公正文明執法，政府的權力來自人民，有權不可任性，用權必受監督。推動完善法

王滬寧與中共界政協委員共商國是

律法規和規章制度，提請全國人大常委會審議法律議案 50 件，制定修訂行政法規 180 件次。依法接受同級人大及其常委會的監督，自覺接受人民政協的民主監督，主動接受社會和輿論監督。認真辦理人大代表建議和政協委員提案。加強審計、統計監督。持續深化政務公開。開展國務院大督查。支持工會、共青團、婦聯等群團組織更好發揮作用。

加強和創新社會治理。推動市域社會治理現代化，完善

中國民主同盟第十三次全國代表大會開幕 丁薛祥代表中共中央致賀詞

基層治理，優化社區服務。支持社會組織、人道救助、社會工作、志願服務、公益慈善等健康發展。深入推進信訪積案化解。推進社會信用體系建設。完善公共法律服務體系。嚴格食品、藥品尤其是疫苗監管。開展安全生產專項整治。改革和加強應急管理，提高防災減災救災能力，做好洪澇乾旱、森林草原火災、地質災害、地震等防禦和氣象服務。深入推進國家安全體系和能力建設。加強網絡、數據安全和個人信息保護。持續加強社會治安綜合治理，嚴厲打擊各類違法犯罪，開展掃黑除惡專項鬥爭，依法嚴懲黑惡勢力及其「保護傘」，平安中國、法治中國建設取得新進展。

源頭治理　　　　　　　　王威／作　新華社發

各位代表！

五年來，各級政府認真貫徹落實黨中央全面從嚴治黨戰略部署，扎實開展「不忘初心、牢記使命」主題教育和黨史學習教育，弘揚偉大建黨精神，嚴格落實中央八項規定精神，持之以恆糾治「四風」，重點糾治形式主義、官僚主義，「三公」經費大幅壓減。嚴厲懲處違規建設樓堂館所和偷稅逃稅等行為。加強廉潔政府建設。政府工作人員自覺接受法律監督、監察監督和人民監督。

李希主持召開中央紀委常委會會議 傳達學習貫徹黨的二十屆二中全會精神

做好經濟社會發展工作，沒有捷徑，實幹為要。五年來，堅持以習近平新時代中國特色社會主義思想為指導，全面貫徹黨的基本理論、基本路線、基本方略。堅持以經濟建設為中心，著力推動高質量發展，事不畏難、行不避艱，要求以實幹踐行承諾，凝心聚力抓發展；以民之所望為施政所向，始終把人民放在心中最高位置，一切以人民利益為重，仔細傾聽群眾呼聲，深入了解群眾冷暖，著力解決人民群眾急難愁盼問題；堅持實事求是，尊重客觀規律，堅決反對空談浮誇、做表面文章、搞形象工程甚至盲目蠻幹；以改革的辦法、鍥而不捨的精神解難題、激活力，激勵敢於擔當，對庸政懶政者問責。尊重人民群眾首創精神，充分調動各方面積極性，進而匯聚起推動發展的強大力量。

趙樂際出席全國巡視工作會議暨十九屆中央第九輪巡視動員部署會

各位代表！

過去五年，民族、宗教、僑務等工作創新完善。鞏固和發展平等團結互助和諧的社會主義民族關係，民族團結進步呈現新氣象。貫徹黨的宗教工作基本方針，推進我國宗教中國化逐步深入。持續做好僑務工作，充分發揮海外僑胞在參與祖國現代化建設中的獨特優勢和重要作用。

堅持黨對人民軍隊的絕對領導，國防和軍隊建設取得一系列新的重大成就、發生一系列重大變革。人民軍隊深入推進政治建軍、改革強軍、科技強軍、人才強軍、依法治軍，深入推進練兵備戰，現代化水平和實戰能力顯著提升。堅定靈活開展軍事鬥爭，有效遂行邊防鬥爭、海上維權、反恐維穩、搶險救災、抗擊疫情、維和護航等重大任務，提升國防動員能力，有力維護了國家主權、安全、發展利益。

港澳台工作取得新進展。依照憲法和基本法有效實施對特別行政區的全面管治權，制定實施香港特別行政區維護國家安全法，落實「愛國者治港」、「愛國者治澳」原則，推動香港進入由亂到治走向由治及興的新階段。深入推進粵港澳大灣區建設，支持港澳發展經濟、改善民生、防控疫情、保持穩定。貫徹新時代黨解決台灣問題的總體方略，堅決開展反分裂、反干涉重大鬥爭，持續推動兩岸關係和平發展。

中國特色大國外交全面推進。習近平主席等黨和國家領導人出訪多國，通過線上和線下方式

慶祝香港回歸祖國 25 週年大會暨香港特別行政區第六屆政府就職典禮隆重舉行 習近平出席並發表重要講話

出席二十國集團領導人峰會、亞太經合組織領導人非正式會議、聯合國成立 75 週年系列高級別會議、東亞合作領導人系列會議、中歐領導人會晤等一系列重大外交活動。成功舉辦上合組織青島峰會、金磚國家領導人會晤、全球發展高層對話會、「一帶一路」國際合作高峰論壇、中非合作論壇北京峰會等多場重大主場外交活動。堅持敢於鬥爭、善於鬥爭，堅決維護我國主權、安全、發展利益。積極拓展全球夥伴關係，致力於建設開放型世界經濟，維護多邊主義，推動構建人類命運共同體。中國作為負責任大國，在推進國際抗疫合作、解決全球性挑戰和地區熱點問題上發揮了重要建設性作用，為促進世界和平與發展作出重要貢獻。

2022 年中國元首外交譜寫中國特色大國外交新華章

各位代表！

這些年我國發展取得的成就，是以習近平同志為核心的黨中央堅強領導的結果，是習近平新時代中國特色社會主義思想科學指引的結果，是全黨全軍全國各族人民團結奮鬥的結果。我代表國務院，向全國各族人民，向各民主黨派、各人民團體和各界人士，表示誠摯感謝！向香港特別行政區同胞、澳門特別行政區同胞、台灣同胞和海外僑胞，表示誠摯感謝！向關心和支持中國現代化建設的各國政府、國際組織和各國朋友，表示誠摯感謝！

在看到發展成就的同時，我們也清醒認識到，我國是一個發展中大國，仍處於社會主義初級階段，發展不平衡不充分問題仍然突出。當前發展面臨諸多困難挑戰。外部環境不

確定性加大，全球通脹仍處於高位，世界經濟和貿易增長動能減弱，外部打壓遏制不斷上升。國內經濟增長企穩向上基礎尚需鞏固，需求不足仍是突出矛盾，民間投資和民營企業預期不穩，不少中小微企業和個體工商戶困難較大，穩就業任務艱巨，一些基層財政收支矛盾較大。房地產市場風險隱患較多，一些中小金融機構風險暴露。發展仍有不少體制機制障礙。科技創新能力還不強。生態環境保護任重道遠。防災減災等城鄉基礎設施仍有明顯薄弱環節。一些民生領域存在不少短板。形式主義、官僚主義現象仍較突出，有的地方政策執行「一刀切」、層層加碼，有的幹部不作為、亂作為、簡單化，存在脫離實際、違背群眾意願、漠視群眾合法權益等問題。一些領域、行業、地方腐敗現象時有發生。人民群眾對政府工作還有一些意見和建議應予重視。要直面問題挑戰，盡心竭力改進政府工作，不負人民重託。

二、對今年政府工作的建議

今年是全面貫徹黨的二十大精神的開局之年。做好政府工作，要在以習近平同志為核心的黨中央堅強領導下，以習近平新時代中國特色社會主義思想為指導，全面貫徹落實黨的二十大精神，按照中央經濟工作會議部署，扎實推進中國式現代化，堅持穩中求進工作總基調，完整、準確、全面貫徹新發展理念，加快構建新發展格局，著力推動高質量發

〔名詞解釋〕

中國式現代化

中國式現代化是中國共產黨領導的社會主義現代化，既有各國現代化的共同特徵，更有基於自己國情的中國特色。中國式現代化是人口規模巨大的現代化，是全體人民共同富裕的現代化，是物質文明和精神文明相協調的現代化，是人與自然和諧共生的現代化，是走和平發展道路的現代化。在新中國成立特別是改革開放以來長期探索和實踐基礎上，經過黨的十八大以來在理論和實踐上的創新突破，我們黨成功推進和拓展了中國式現代化。從現在起，中國共產黨的中心任務就是團結帶領全國各族人民全面建成社會主義現代化強國、實現第二個百年奮鬥目標，以中國式現代化全面推進中華民族偉大復興。中國式現代化的本質要求是：堅持中國共產黨領導，堅持中國特色社會主義，實現高質量發展，發展全過程人民民主，豐富人民精神世界，實現全體人民共同富裕，促進人與自然和諧共生，推動構建人類命運共同體，創造人類文明新形態。

展，更好統籌國內國際兩個大局，更好統籌疫情防控和經濟社會發展，更好統籌發展和安全，全面深化改革開放，大力提振市場信心，把實施擴大內需戰略同深化供給側結構性改革有機結合起來，突出做好穩增長、穩就業、穩物價工作，有效防範化解重大風險，推動經濟運行整體好轉，實現質的有效提升和量的合理增長，持續改善民生，保持社會大局穩定，為全面建設社會主義現代化國家開好局起好步。

今年發展主要預期目標是：國內生產總值增長 5% 左右；城鎮新增就業 1200 萬人左右，城鎮調查失業率 5.5% 左右；居民消費價格漲幅 3% 左右；居民收入增長與經濟增長基本同步；

美國知名中國問題專家庫恩談中國經濟

進出口促穩提質，國際收支基本平衡；糧食產量保持在
1.3 萬億斤以上；單位國內生產總值能耗和主要污染物排
放量繼續下降，重點控制化石能源消費，生態環境質量穩
定改善。

要堅持穩字當頭、穩中求進，面對戰略機遇和風險挑戰
並存、不確定難預料因素增多，保持政策連續性穩定性針對
性，加強各類政策協調配合，形成共促高質量發展合力。積
極的財政政策要加力提效。赤字率擬按 3% 安排。完善稅費
優惠政策，對現行減稅降費、退稅緩稅等措施，該延續的延
續，該優化的優化。做好基層「三保」工作。穩健的貨幣政
策要精準有力。保持廣義貨幣供應量和社會融資規模增速同

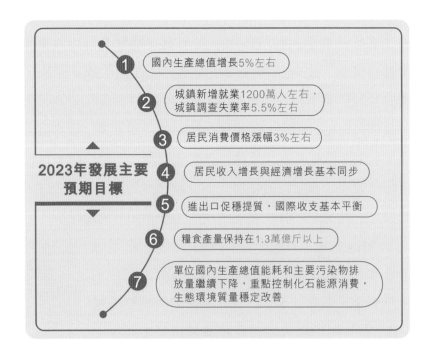

名義經濟增速基本匹配，支持實體經濟發展。保持人民幣匯率在合理均衡水平上的基本穩定。產業政策要發展和安全並舉。促進傳統產業改造升級，培育壯大戰略性新興產業，著力補強產業鏈薄弱環節。科技政策要聚焦自立自強，也要堅持國際合作。完善新型舉國體制，發揮好政府在關鍵核心技術攻關中的組織作用，支持和突出企業科技創新主體地位，加大科技人才及團隊培養支持力度。社會政策要兜牢民生底線。落實落細就業優先政策，把促進青年特別是高校畢業生就業工作擺在更加突出的位置，切實保障好基本民生。

當前我國新冠疫情防控已進入「乙類乙管」常態化防控階段，要在對疫情防控工作進行全面科學總結的基礎上，更加科學、精準、高效做好防控工作，圍繞保健康、防重症，重點做好老年人、兒童、患基礎性疾病群體的疫情防控和醫療救治，提升疫情監測水平，推進疫苗迭代升級和新藥研製，切實保障群眾就醫用藥需求，守護好人民生命安全和

〔名詞解釋〕

乙類乙管

2022 年 12 月 26 日《關於對新型冠狀病毒感染實施「乙類乙管」的總體方案》印發。《總體方案》明確指出，2023 年 1 月 8 日起，對新型冠狀病毒感染實施「乙類乙管」。依據傳染病防治法，對新冠病毒感染者不再實行隔離措施，不再判定密切接觸者；不再劃定高低風險區；對新冠病毒感染者實施分級分類收治並適時調整醫療保障政策；檢測策略調整為「願檢盡檢」；調整疫情信息發佈頻次和內容。依據國境衛生檢疫法，不再對入境人員和貨物等採取檢疫傳染病管理措施。

身體健康。

今年是政府換屆之年，前面報告的經濟社會發展多領域、各方面工作，今後還需不懈努力，下面簡述幾項重點。

（一）著力擴大國內需求。把恢復和擴大消費擺在優先位置。多渠道增加城鄉居民收入。穩定汽車等大宗消費，推動餐飲、文化、旅遊、體育等生活服務消費恢復。政府投資和政策激勵要有效帶動全社會投資，今年擬安排地方政府專項債券 3.8 萬億元，加快實施「十四五」重大工程，實施城市更新行動，促進區域優勢互補、各展其長，繼續加大對受疫情衝擊較嚴重地區經濟社會發展的支持力度，鼓勵和吸引更多民間資本參與國家重大工程和補短板項目建設，激發民間投資活力。

（二）加快建設現代化產業體系。強化科技創新對產業發展的支撐。持續開展產業強鏈補鏈行動，圍繞製造業重點產業鏈，集中優質資源合力推進關鍵核心技術攻關，充分激

發創新活力。加強重要能源、礦產資源國內勘探開發和增儲上產。加快傳統產業和中小企業數字化轉型，著力提升高端化、智能化、綠色化水平。加快前沿技術研發和應用推廣，促進科技成果轉化。建設高效順暢的物流體系。大力發展數字經濟，提升常態化監管水平，支持平台經濟發展。

（三）切實落實「兩個毫不動搖」。深化國資國企改革，提高國企核心競爭力。堅持分類改革方向，處理好國企經濟責任和社會責任關係，完善中國特色國有企業現代公司治理。依法保護民營企業產權和企業家權益，完善相關政策，鼓勵支持民營經濟和民營企業發展壯大，支持中小微企業和個體工商戶發展，構建親清政商關係，為各類所有制企業創造公平競爭、競相發展的環境，用真招實策穩定市場預期和提振市場信心。

（四）更大力度吸引和利用外資。擴大市場准入，加大現代服務業領域開放力度。落實好外資企業國民待遇。積極推動加入全面與進步跨太平洋夥伴關係協定（CPTPP）等高標準經貿協議，主動對照相關規則、規制、管理、標準，穩步擴大制度型開放。優化區域開放佈局，實施自由貿易試驗區提升戰略，發揮好海南自由貿易港、各類開發區等開放平台的先行先試作用。繼續發揮進出口對經濟的支撐作用。做好外資企業服務工作，推動外資標誌性項目落地建設。開放的中國大市場，一定能為各國企業在華發展提供更多機遇。

（五）有效防範化解重大經濟金融風險。深化金融體制改革，完善金融監管，壓實各方責任，防止形成區域性、

〔名詞解釋〕

全面與進步跨太平洋夥伴關係協定

全面與進步跨太平洋夥伴關係協定（Comprehensive and Progressive Agreement for Trans-Pacific Partnership，簡稱 CPTP-P），是亞太國家組成的自由貿易區，是美國退出跨太平洋夥伴關係協定（TPP）後該協定的新名字。

2017 年 11 月 11 日，由啟動 TPP 談判的日本、加拿大、澳大利亞、智利、新西蘭、新加坡、文萊、馬來西亞、越南、墨西哥、秘魯等 11 個亞太國家共同發佈了一份聯合聲明，宣佈「已經就新的協議達成了基礎性的重要共識」，並決定協定改名為 CPTPP。2018 年 3 月 8 日，參與「全面與進步跨太平洋夥伴關係協定」談判的 11 國代表在智利首都聖地亞哥舉行協定簽字儀式。12 月 30 日，全面與進步跨太平洋夥伴關係協定正式生效。

2021 年 9 月 16 日，中國正式提出申請加入《全面與進步跨太平洋夥伴關係協定》。11 月 4 日，習近平主席以視頻方式出席第四屆中國國際進口博覽會開幕式並發表主旨演講。習近平主席強調，中國將深度參與綠色低碳、數字經濟等國際合作，積極推進加入《全面與進步跨太平洋夥伴關係協定》。

系統性金融風險。有效防範化解優質頭部房企風險，改善資產負債狀況，防止無序擴張，促進房地產業平穩發展。防範化解地方政府債務風險，優化債務期限結構，降低利息負擔，遏制增量、化解存量。

（六）穩定糧食生產和推進鄉村振興。一體推進農業現代化和農村現代化。穩定糧食播種面積，抓好油料生產，實施新一輪千億斤糧食產能提升行動。完善農資保供穩價應對機制。加強耕地保護，加強農田水利和高標準農田等基礎設施建設。深入實施種業振興行動。強化農業科技和裝備支撐。健全種糧農民收益保障機制和主產區利益補償機制。

有效防範化解重大經濟金融風險　　　　　楊仕成／作

樹立大食物觀，構建多元化食物供給體系。發展鄉村特色產業，拓寬農民增收致富渠道。鞏固拓展脫貧攻堅成果，堅決防止出現規模性返貧。推進鄉村建設行動。國家關於土地承包期再延長 30 年的政策，務必通過細緻工作扎實落實到位。

（七）推動發展方式綠色轉型。深入推進環境污染防治。加強流域綜合治理，加強城鄉環境基礎設施建設，持續實施重要生態系統保護和修復重大工程。推進能源清潔高效利用和技術研發，加快建設新型能源體系，提升可再生能源佔比。完善支持綠色發展的政策和金融工具，發展循環

〔名詞解釋〕

種業振興行動

2021 年 7 月 9 日，習近平總書記主持召開中央全面深化改革委員會第二十次會議，審議通過《種業振興行動方案》。習近平總書記強調，農業現代化，種子是基礎，必須把民族種業搞上去，把種源安全提升到關係國家安全的戰略高度，集中力量破難題、補短板、強優勢、控風險，實現種業科技自立自強、種源自主可控。2023 年 1 月 2 日，《中共中央 國務院關於做好 2023 年全面推進鄉村振興重點工作的意見》指出，深入實施種業振興行動。種業振興行動方案是繼 1962 年出台加強種子工作的決定後，再次對種業發展作出重要部署。該行動方案明確了實現種業科技自立自強、種源自主可控的總目標，提出了種業振興的指導思想、基本原則、重點任務和保障措施等一攬子安排，為打好種業翻身仗、推動我國由種業大國向種業強國邁進提供了路線圖、任務書。

經濟，推進資源節約集約利用，推動重點領域節能降碳減污，持續打好藍天、碧水、淨土保衛戰。

（八）保障基本民生和發展社會事業。加強住房保障體系建設，支持剛性和改善性住房需求，解決好新市民、青年人等住房問題，加快推進老舊小區和危舊房改造。加快建設高質量教育體系，推進義務教育優質均衡發展和城鄉一體化，推進學前教育、特殊教育普惠發展，大力發展職業教育，推進高等教育創新，支持中西部地區高校發展，深化體教融合。深化醫藥衛生體制改革，促進醫保、醫療、醫藥協同發展和治理。推動優質醫療資源擴容下沉和區域均衡佈局。實施中醫藥振興發展重大工程。重視心理健康和精神衛生。實施積極應對人口老齡化國家戰略，加強養老服務保

障，完善生育支持政策體系。保障婦女、兒童、老年人、殘疾人合法權益。做好軍人軍屬、退役軍人和其他優撫對象優待撫恤工作。繁榮發展文化事業和產業。提升社會治理效能。強化安全生產監管和防災減災救災。全面貫徹總體國家安全觀，建設更高水平的平安中國。

進一步加強政府自身建設，持續轉變政府職能，搞好機構改革，扎實推進法治政府、創新政府、廉潔政府和服務型政府建設，發揚實幹精神，大興調查研究之風，提高行政效率和公信力。

各位代表！

我們要以鑄牢中華民族共同體意識為主線，堅持和完善民族區域自治制度，促進各民族共同團結奮鬥、共同繁榮發展。堅持黨的宗教工作基本方針，堅持我國宗教中國化方向，積極引導宗教與社會主義社會相適應。加強和改進僑務工作，匯聚起海內外中華兒女同心奮鬥、共創輝煌的強大力量。

我們要深入貫徹習近平強軍思想，貫徹新時代軍事戰略方針，圍繞實現建軍一百年奮鬥目標，邊鬥爭、邊備戰、邊建設，完成好黨和人民賦予的各項任務。全面加強練兵備戰，創新軍事戰略指導，大抓實戰化軍事訓練，統籌抓好各方向各領域軍事鬥爭。全面加強軍事治理，鞏固拓展國防和軍隊改革成果，加強重大任務戰建備統籌，加快實施國防發展重大工程。鞏固提高一體化國家戰略體系和能力，加強國防科技工業能力建設。深化全民國防教育。各級政府要大力

支持國防和軍隊建設，深入開展「雙擁」活動，合力譜寫軍政軍民團結新篇章。

我們要全面準確、堅定不移貫徹「一國兩制」、「港人治港」、「澳人治澳」、高度自治的方針，堅持依法治港治澳，維護憲法和基本法確定的特別行政區憲制秩序，落實「愛國者治港」、「愛國者治澳」原則。支持港澳發展經濟、改善民生，保持香港、澳門長期繁榮穩定。

我們要堅持貫徹新時代黨解決台灣問題的總體方略，堅持一個中國原則和「九二共識」，堅定反「獨」促統，推動兩岸關係和平發展，推進祖國和平統一進程。兩岸同胞血脈相連，要促進兩岸經濟文化交流合作，完善增進台灣同胞福祉的制度和政策，推動兩岸共同弘揚中華文化，同心共創復興偉業。

我們要堅定奉行獨立自主的和平外交政策，堅定不移走和平發展道路，堅持在和平共處五項原則基礎上同各國發展友好合作，堅定奉行互利共贏的開放戰略，始終做世界和平的建設者、全球發展的貢獻者、國際秩序的維護者。中國願同國際社會一道落實全球發展倡議、全球安全倡議，弘揚全人類共同價值，攜手推動構建人類命運共同體，維護世界和平和地區穩定。

各位代表！

奮鬥鑄就輝煌，實幹贏得未來。我們要更加緊密地團結在以習近平同志為核心的黨中央周圍，高舉中國特色社會主義偉大旗幟，以習近平新時代中國特色社會主義思想為指

導，全面貫徹黨的二十大精神，砥礪前行，推動經濟社會持續健康發展，為全面建設社會主義現代化國家、全面推進中華民族偉大復興，為把我國建設成為富強民主文明和諧美麗的社會主義現代化強國不懈奮鬥！

李克強
政府工作報告
完整視頻

2022 年
《政府工作報告》
量化指標任務
完成情況

一圖讀懂
2023 年
《政府工作報告》

數看發展

李強
答中外記者問
完整視頻

視 頻 索 引